CB026916

João de Paranaguá

AURORA

EDITORA 34

Editora 34 Ltda.
Rua Hungria, 592 Jardim Europa CEP 01455-000
São Paulo - SP Brasil Tel/Fax (11) 3816-6777 www.editora34.com.br

Copyright © Editora 34 Ltda., 2006
Aurora © João de Paranaguá, 2006

A FOTOCÓPIA DE QUALQUER FOLHA DESTE LIVRO É ILEGAL, E CONFIGURA UMA
APROPRIAÇÃO INDEVIDA DOS DIREITOS INTELECTUAIS E PATRIMONIAIS DO AUTOR.

Imagem da capa:
Detalhe de painel de Athos Bulcão
Capa, projeto gráfico e editoração eletrônica:
Bracher & Malta Produção Gráfica
Revisão:
Fabrício Corsaletti

1ª Edição - 2006

CIP - Brasil. Catalogação-na-Fonte
(Sindicato Nacional dos Editores de Livros, RJ, Brasil)

Paranaguá, João de, 1917-
P724a   Aurora / João de Paranaguá —
São Paulo: Ed. 34, 2006.
48 p.

ISBN 85-7326-362-8

1. Poesia brasileira. II. Título.

CDD - B869.1

PREFÁCIO
Jorge da Cunha Lima

Por que fazer poesia depois de Homero e, sucessivamente, depois de Horácio, Dante, Shakespeare, Rimbaud, Rilke ou Fernando Pessoa? Talvez porque a poesia seja um ofício privilegiado da condição humana e, portanto, não se resume às obras-primas.

Cada homem, se atento e oficioso, pode escrever poesia sem qualquer ofensa ao Parnaso.

Assim, em todo canto claro ou escuro da história humana há poetas. Uns cantam as cidades, outros o infortúnio, tantos quanto existam cantam o amor: que tiveram, que perderam ou nunca lograram. Para alguns a poesia é a própria palavra e nela se resume. Grandes poetas se apóiam na natureza para cantar a vida.

Horácio e Rilke diversamente o fizeram.

Em Horácio a natureza é um exuberante reflexo da vida.

Em Rilke a vida é um pálido reflexo da natureza.

Isso fica claro quando o poeta afirma:

Amo as horas sombrias de meu ser
mar em que se abismam meus sentidos,
nelas encontrei como em velhas cartas

minha vida cotidiana já vivida,
como lenda antiga e abandonada.

Horácio, por sua vez, canta a natureza em tudo, tanto que seu canto se confunde com os campos. João de Paranaguá está mais para Rilke. Sua pauta poética e seu lirismo profundo se espelham na natureza.
Na altivez dos anos oitenta João revela, com estas poesias tiradas do esconderijo, um bom poeta. Tem linguagem, emoção e um ritmo elegante que se libertou do imperativo coloquial dos primeiros modernos.
Do mirante metafísico que resume sua maturidade João expressa seu apego à natureza:

Sou como o rio que a seca paralisa
E o sol rasga um mosaico em seu leito cansado.

Sou como galharia cinzenta e morta, que chora
Suas folhas espalhadas pelo vento sem destino.

Que deus errante, rouba-me a luz
E me atira em ermos pensamentos.

Em toda sua poesia há um rasgo de nostalgia:

Era um vasto recinto construído
Com a solidez das sombras:

Era um vasto recinto
De limites invisíveis

Nostalgia. É verdade. Mas nostalgia também é futuro, mesmo a que se revela no passado. Nostalgia é o fruto proibido, o desejo irrealizado. Isto está presente em toda a poesia deste livro:

Saímos lentamente
Da noite para a vida
Para a vida que é um sonho
De um sonho que é a morte.

Até a clássica nostalgia do exílio, tão presente na poesia brasileira. Nossa poesia está cheia de exílios em português e sabiás. Todos na língua pátria, o que já significa um meio caminho de volta, percorrido.

A canção do exílio de João de Paranaguá é em francês — num cais qualquer do Havre ou do Sena, sem retorno presumido. Exílio de toda uma geração pósmoderna que não se alinhou aos "fast food" da língua inglesa.

Je veux revoir
Les prairies vertes de mon pays
Où le vent vagabond fait des folies

Je veux sentir
L'odeur sensuel de la mer chaude
Pareille aux couleur des soleils et des émeraudes

Em todo o livro são 17 os poemas, não muitos, mas todos com densidade. Sobretudo os que pregam essa insistência da vida humana: o desejo inatingido.

Assim, o leitor pode ler, com uma erudita inquietação, pois certamente ele faz parte do banquete.

NOVISSIMA VERBA

O cinzeiro branco

Lá fora,
As sementes estão rasgando a Terra
Para receber o sangue dos homens
E dos cavalos.
Vem, meu irmão,
Vamos colocar as ruas isoladas,
Umas sobre as outras
Para que a paz torne aos lares,
Ou aos lupanares.
Os generais
Vão voltar ao anonimato,
Os heróis, vão para o sindicato.
Vai ser a angústia do armistício.
Vamos celebrar o triunfo da democracia
E da ortopedia.
Lá fora,
Os cereais estão cobrindo as cruzes de madeira.

Preamar

Teu corpo moreno
Na praia escaldante
Deitado de costas
Comprido, macio.
O sol cegando
Teus olhos fechados
Beijando com fogo
Teu mole cabelo.
Teu corpo virou-se
Em grãos de areia
Que a água lambeu
E levou para o fundo
Bem claro do mar.
De pé, esperei
Que voltasses um dia.
E nisso, perdi
O tempo que passa.
Mas logo a espuma
Que a praia bordeja
Foi mais violenta
E trouxe inteirinho
Teu corpo dourado.

Correndo, correndo
Por brancos caminhos

Lá fomos sorrindo
Com as mãos enlaçadas
Fugindo do gelo
Da noite que vinha
Correndo, correndo...

A tempestade

A incerteza daquele meio carregado
Denunciava a tempestade.

A chuva caía em imensas verticais
Sobre a terra ainda quente, já se espasmavam
Riachos nervosos, grossos, de rumo incerto,
Como a evocar tempos que se perderam...

A nuvem tombou para o vale, tinham acabado.

Não estava mais tão quente.
As últimas gotas tinham as nuances indefiníveis
Que o poente esbanjava.
A mataria úmida, respirava forte.

Troncos de musgo, folhas vindas do alto e
As amarelas das mortas, exalavam...

Vozes tranqüilas subiam, não sei de onde.

Anoiteceu.

Pensamento à orla dos bosques

Espero a tua volta
Assim como
Passada a tempestade
Recebe a flor
O beijo das abelhas.
Trarás contigo
O perfume de outras matas,
Não importa
Espero a tua volta.

Não retornam à praia,
As ondas compridas,
Furiosas ou mansas?
Trarás contigo restos de embarcação
Não importa
Espero a tua volta
Como a noite inconsolável
Se embebeda e se espasma
Na impetuosidade da luz,
Luz que frutificou searas de outras terras
E secou o sangue na batalha de outros povos.

Trarás contigo
A dor e a inquietação de outros mundos.
Não importa,
Espero a tua volta!

Desejo

für Beethoven

Quero habitar
As frontes farfalhantes
Das selvas beijadas pela lua e
Sumir no horizonte,
Com a apoteose dos poentes.

Quero caminhar sobre o alto-mar,
E depois de cansado,
Submergir lentamente
Confundir meus pés
Com o silêncio das profundezas
E ter os braços ondulando,
Largados às verdes algas
Perdidos no movimento lento
Na dança grave dos abismos remotos.

Quero ver a quilha dos ventos
Rasgando os céus
E estraçalhando as nuvens.
Satisfazer a ambição das velas,
E conceder a emoção da luta
À orla dos elementos.
Quero ter o cetro dos vendavais
Para arrastar a tempestade
Às cordilheiras coroadas.

Quero cruzar o rumo dos cometas,
Violar as nebulosas
E desaparecer subindo,
No abismo dos tempos.

Mas, onde?

Desabaram as pedras sobre o fogo
E quebraram-se as limitações.

Fiquei isento
E os caminhos eram todos.
Mas, onde?

Negligenciaram os vigias do passado
E tornaram lembranças já extintas.
Mas, onde?

Mãos infinitamente perfeitas
Não foram feitas para o amor.
Mas, onde?

Quando nos envolverem
As sombras do crepúsculo,
Sentiremos a saudade
Das folhas que não tombaram.

E não abrigaremos mais
As emoções dos tempos idos,
E tudo será simples como
O cair das sementes sobre a terra.

O rio

Sou como o rio que a seca paralisa
E o sol rasga um mosaico em seu leito cansado.

Sou como a galharia cinzenta e morta, que chora
Suas folhas espalhadas pelo vento sem destino.

Que Deus errante, rouba-me a luz
E me atira em ermos pensamentos.

Que perspectivas profundas guiam meus passos
Para um mundo povoado de lembranças infinitas
E me negam o eterno esquecimento.

Oh, vozes amadas da vida,
Que me sussurais tão cedo a balada invencível,

Adeus, adeus, adeus.

Poema do trânsfuga

Vamos partir,
Que já tenho de há muito
O segredo das águas que avançam
Arredondando as pedras.

Vamos partir,
De olhos vendados,
Com a inconsciência das coisas que nascem para
a vida
E a sabedoria das almas que abandonam os corpos
fatigados.

Vamos partir,
Que os longos braços da vida
Já não me embalam
E, distendidos,
São como estradas
Que se perdem na aventura.

Vamos partir,
Que tenho os pés sobre o inquieto,
Não importa que a débil luz,
Se dissolva com a branca lua,
Ou se inflame com o calor da aurora.

Vamos partir,
Que já sinto o perfume de rosas murchas,
Das rubras rosas
Que em meus cabelos
Outrora eram coroas.

Vamos partir,
Que estou isento
E em corredeiras que o desejo inflama,
Meu coração inverna
Como o lodo silencioso no fundo dos rios.

Vamos partir
Sobre os que ficaram,
Que eles permanecem em meu sangue
Como o eterno desejo diante da beleza eterna.

Vamos partir,
Que todo eu sou o clamor
Das sementes que se libertaram do silêncio da terra.

Vamos partir,
Pela razão de ser no Presente,
O que não se pode ser no limite do Fim.

Sempre

Sempre,
Sempre a certeza de uma dúvida.
Sempre essa agonia isenta de esperança.
Sempre uma dor que engana uma outra dor.
Sempre os caminhos fechados ao pensamento
                              firmado.
Sempre,
Sempre esse apelo desesperado, pressentindo um
                              adeus futuro.
Sempre essa angustia de sementes que não se
                              libertaram do silencio da
                              terra.
Sempre a ressonância desamparada de vozes
                              desatendidas.

O silêncio

A expressão perdeu-se diante do mar,
Daqueles que eram dele.
Mas tantos falaram,
Depois o silêncio desses e a eternidade daqueles.
Tantos, quase todos foram esquecidos.
Mas as grandes forças compreenderam.

A expressão perdeu-se diante do mar,
Mesmo daqueles que eram dele.

Todos emudeceram, até aqueles.
O mar e o sal e o eterno e o movimento.

Temores

Estranhas memórias
De um vago passado tão distante
Invadem meus pensamentos.
Estranhas memórias
Que não me pertencem,
De tão longe, do fundo dos tempos
Invadem minhas lembranças
E perturbam minha saudade.
Estranhas memórias...

Sonho

Era um vasto recinto construído
Com a solidez das sombras.
Era um vasto recinto
De limites invisíveis:
Negros, verdes, escuras cores.
Ao longe sobre laje antiga
Repousava, morta, uma mulher
Que minha presença despertou.
De suas mãos verdíssimas folhas caíam
E como um passe, me cobriram.
Saímos lentamente
À imensa porta aberta, sem contornos,
Reluzente.
Saímos lentamente
Da noite para a vida
Para a vida que é um sonho
De um sonho que é a morte.

Meus demônios mataram
Os meus anjos
Lentamente
Vi suas asas brancas
Ao desalento
Seus belos corpos de arautos
Ainda vaticinavam profecias inaudíveis.

Os astros sufocados pela luz
Abandonavam, enfim,
O berço da madrugada.

Départ

Je veux revoir
Les prairies vertes de mon pays
Où le vent vagabond fait des follies

Je veux sentir
L'odeur sensuel de la mer chaude
Pareille aux couleur des soleils et des émeraudes

Je veux sentir
Les larmes qui crient dans mes yeux
Quand je défaille du plaisir d'être entre eux

Je veux retourner
A la stabilité de ma maison
Qui porte, malgré tout beaucoup de la raison.

Je veux pencher
Vers les premières âges
Quand mes pieds nus marquaient les contours moles
des plages.

Exigências

Um dia, talvez, mas não tem pressa não.
Quando você puder.
Se sobrar tempo.
Quando se lembrar.
E se você se lembrar...
Deixe uma rosa no meu túmulo
Pode ser branca, mas prefiro rósea
Pode ser botão, mas prefiro aberta.

Se, porém, escassearem rosas
Um jasmim tá bom.
Desses brancos, pálidos, moribundos
Que o vento enrola sobre a terra quente,
Desses que ainda exalam perfume,
Desses que ainda morrem lentamente.

Outrora

As vezes, sem a gente sentir,
Pouco a pouco
O mundo vai nos abandonando
As telhas que nos abrigavam daquelas intempéries
Se perderam nos vendavais.
Já não sentimos mais o caminhar das estrelas
Nem nos chamam mais as vozes
Que outrora nos seguiam.
Lâminas imagináveis
Destróem, indiferentes
Os últimos
Daqueles que ficaram.
Ousaram.

ESTE LIVRO FOI COMPOSTO EM OPTIMA PELA
BRACHER & MALTA, COM FOTOLITOS DO BU-
REAU 34, E IMPRESSO PELA BARTIRA GRÁFICA
E EDITORA EM PAPEL PÓLEN BOLD 90 G/M^2
DA CIA. SUZANO DE PAPEL E CELULOSE PARA A
EDITORA 34, EM NOVEMBRO DE 2006.